CHATILLON

SUR

SCÈNE

GRANDE REVUE LOCALE ET FÉERIQUE EN CINQ ACTES
ET DIX TABLEAUX

Par MM. Ernest RIGODON, Albert LAPORTE et MARCEL,

Représentée pour la première fois à Châtillon-sur-Seine, le 4 avril 1867.

Prix : 75 centimes.

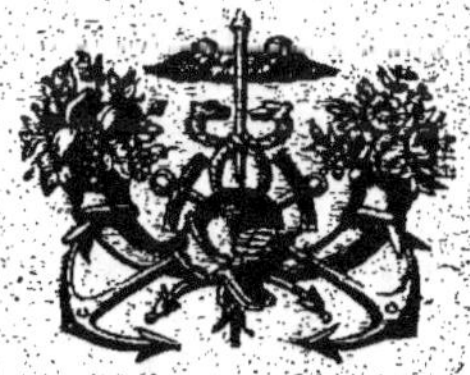

CHATILLON-SUR-SEINE
IMPRIMERIE ET LIBRAIRIE E. PARNY, PLACE DE L'HOTEL-DE-VILLE
1867

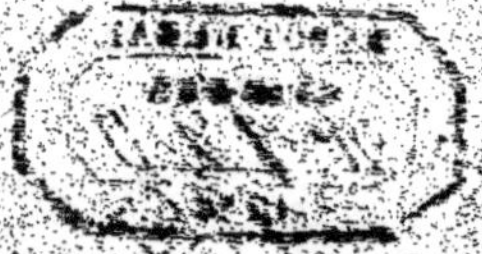

CHATILLON

SUR

SEINE

GRANDE REVUE LOCALE ET FÉERIQUE EN CINQ ACTES

ET DIX TABLEAUX

Par MM. [illegible]

Représentée pour la première fois à Châtillon-sur-Seine, le 4 avril 186[illegible]

Prix [illegible]

CHATILLON-SUR-SEINE

[illegible] PLACE DE L'HOTEL-DE-VILLE

186[illegible]

CHATILLON

SUR

SCÈNE

GRANDE REVUE LOCALE ET FÉERIQUE EN CINQ ACTES
ET DIX TABLEAUX

Par MM. ERNEST RIGODON, ALBERT LAPORTE et MARCEL,

Représentée pour la première fois à Châtillon-sur-Seine, le 4 avril 1867.

DISTRIBUTION & PERSONNAGES DE LA PIÈCE :

Le Temps,	M. MARCEL.
Le Vent, Le Pont, Le Régisseur, Un Cavalier, Un Forgeron, Vieux Château,	DARCUEIL.
Le Brouillard, Le Bassin Saint-Antoine, Un Gamin, Un Tambour, Le Blanc, Un Cavalier,	BAILLARD.
Le Froid, La Ligne de Troyes, Une vieille Dame, La Chorale, Un Forgeron,	VILLOMONT.
Le Chemin de fer, Le Directeur, Le Bal, La Boucherie chevaline, Le Petit-Versailles,	SÉRARD.
Un Ouvrier, Le Machiniste, Un Cavalier, Un Passant, Un Forgeron,	M. FAUCOGNEY.
L'Année 1867, Le Hazard, La Gazette, La Musique, L'Industrie, La Douix,	Mme ANTHELMA.
L'Année 1866, La Seine, Le Blé,	DESCHAMPS.
La Chaleur, La Halle au blé, La Salle Martin, Une Blanchisseuse,	Mlle GENEVIÈVE.
La Fontaine des Ducs, La Fanfare, La Laine, L'Avenue de la Gare, L'Illumination,	THÉRÉSA.
La Source de la Douix, La Comédie, Une Blanchisseuse,	Mme FOURNIER.

1867

PROLOGUE. — PREMIER TABLEAU.

Le Palais des Éléments.

SCÈNE Ire.

LA PLUIE, LA CHALEUR, LE VENT, LE FROID, LE BROUILLARD.

AIR : *Baiser de l'étrier.*

Morbleu ! c'est ennuyeux
Pour une tell' cohorte,
Assommant, scandaleux,
Attendre deux heures à la porte !

LE TEMPS, *en dehors.*
Eh ! mes enfants, j'suis à vous,
Il faut que j' fasse ma toilette ;
Sachez que cela m'embête,
Calmez donc votre courroux !

LA PLUIE. Faire attendre la Pluie à couvert !

LE VENT. Le Vent à l'abri !

LE FROID. Le Froid à la Chaleur !

LE BROUILLARD. Cela ne s'est jamais vu !

LA CHALEUR. Chut ! Voici le maître.

TOUS. Vive le Temps !

SCÈNE II.

LES MÊMES, LE TEMPS, *costume de fantaisie, parapluie à la main.*

LE TEMPS. Bien, mes enfants, très-bien, je suis sensible à vos hommages.

LA PLUIE. Mais nous ne vous les avons pas encore présentés.

LE TEMPS. Alors, je m'en fiche.

TOUS. Oh !

LE TEMPS. Oh ! Pas de compliments. Le Temps n'a pas le temps en ce moment de les écouter (*joyeusement*), je pars en voyage.

TOUS. En voyage !

LE VENT. Voulez-vous que je vous accompagne ?

LE TEMPS. Merci, je n'ai pas besoin de vous pour me pousser par derrière, du reste, je pars en voyage, avec votre nouvelle maîtresse l'année 1867 (*L'Année 1867 paraît au fond*), que voici.

(Coup de tam tam.)

TOUS. L'Année 1867.

SCÈNE III.

LES MÊMES, L'ANNÉE 1867.

LE TEMPS. J'espère qu'elle est mignonne.

LA PLUIE. Elle est si jeune.

1867. Songez donc que je n'ai que trois mois d'existence.

AIR : *La plume au vent (Rigoletto).*

Je suis mignonne,
Car le Ciel donne
A ma personne
Un riant avenir.
Oui, mon étoile
Que rien ne voile
Mortels dévoile
Richesse, amour, plaisir !
Je serai belle,
Bien que mortelle,
Je serai celle
Que tous, jeunes ou vieux,
Ah !
Aimeront le mieux !

LE TEMPS. Très-bien, tu es en voix, ça se voit, aussi je... je... Athzy ! *(Il éternue.)*

TOUS. Dieu vous bénisse !

LE TEMPS. Merci ! Gredin de Froid, il se fourre toujours près de moi pour m'enrhumer !

L'ANNÉE 1867. Alors, nous ne serons pas bons amis ?

LE TEMPS. Voyons, maintenant que vous êtes tous réunis, je vais vous dire, sans arrière-pensée, ma façon de penser à votre égard.

1867. Voyons, petit père ?

LE TEMPS. Eh bien, j'ai des reproches à te faire.

1867. Déjà !

LE TEMPS. Tu débutes mal, que reproche-t-on à 1866, trop d'eau ?

LA CHALEUR. C'est vrai.

LE TEMPS. Tu n'as pas la parole. *(à 1867)* Voilà que tu as à peine trois mois d'existence, et déjà l'on peut te faire le même reproche !

1867. Mais, petit père, ce n'est pas ma faute. C'est celle des Eléments.

TOUS. Par exemple !

LE TEMPS. Silence !

1867. Vous m'avez envoyé sur terre sans me faire faire leur connaissance... Il est impossible de bien gouverner quand on ne connaît pas ses sujets.

LE TEMPS. J'y ai songé, c'est pour cela que je te les présente. Allons, faites connaissance, et pas de compliments !

AIR : *Du sou.*

LA PLUIE.

Je suis la Pluie, il faut à Votre Altesse
Des fleurs, des fruits, des vignes, des moissons;
Vous me devez tout pour cette richesse.

LA CHALEUR.

C'est faux! Pour quoi comptez-vous mes rayons?
Moi, la Chaleur, malgré cette pimbèche,
Je soutiendrai qu'à moi vous devez tout,
Car mon soleil fait mûrir...

LA PLUIE.

Mais il sèche,
Et sans la pluie on n'en viendrait à bout.

1867.

Pour mes besoins, allez, je vous allie
Et vous prendrai toutes deux; — il le faut. —
Salut, Soleil, mais je garde la Pluie
Pour m'en servir quand tu seras trop chaud.

LE TEMPS.

Bravo!

LE VENT.

Je suis le Vent!

1867.

Pas de tempêtes.
Je n'en veux pas!

LE BROUILLARD.

Voulez-vous du brouillard?

1867.

Va dans le Nord, c'est là qu'on te fait fête...

LE FROID.

Veux-tu du froid?

1867.

Mon Dieu, que tu viens tard!
Je vous prends tous. Que chacun se modère;
Soixante-sept, — donnez-lui tous vos soins, —
Désirerait que son règne sur terre
Fût signalé surtout par de bons vins.

TOUS.

Des éléments le cortége doit faire
Honneur à l'an qui vient de naître aux cieux.
Et que le temps, notre maître et son père,
Tire à ses jours un horoscope heureux!

LE TEMPS. Très-bien. Aussi j'espère que tu seras plus sage que ta sœur aînée l'année 1866.

1867. Je ferai mon possible pour cela.

LE TEMPS. Du reste, je suis descendu sur terre pour juger les malheurs occasionnés par elle et les réparer... Mais, au fait, si je l'interrogeais avant?

1867. C'est une idée.

LE TEMPS. J'en ai souvent comme ça!.. A moi l'année 1866! *(Tam tam. 1866 apparaît.)*

SCÈNE IV.

LES MÊMES, 1866.

1866. Tu m'as appelée, petit père?

LE TEMPS. Je te défends de m'appeler petit père, vu que je suis très-mécontent de la façon dont tu t'es conduite.

1866. Toujours donc?

LE TEMPS. Tais-toi, ou plutôt non, parle, que je sache du moins à quoi m'en tenir.

1866. Je dis que ce n'est pas ma faute.

AIR :

Je n'ai pas vu temps plus désagréable
Et j'ai maudit bien des fois les saisons,
La pluie, hélas! toujours insatiable,
A ravagé dans nos champs les moissons;
Jusqu'à l'hiver qui n'est pas à sa place;
Il vient trop tard ou bien il part trop tôt,
L'Automne boude et le Printemps s'efface,
Ce pauvre Eté reste seul comme un sot!

TOUS. C'est faux.

LE TEMPS. Taisez-vous, elle a raison... si elle n'est pas dans son tort...

1866. Dans mon tort... Pourquoi?

LE TEMPS. Au fait... que lui reproche-t-on à cette enfant?... ah! j'y suis, le père Bacchus te reproche d'avoir mis trop d'eau dans son vin.

1866. Ce sont les marchands qui lui ont mis ça dans la tête.

LE TEMPS. Il est de fait pourtant que ton vin ressemble à de la piquette.

1866. Prenez-vous en à la Pluie.

LE TEMPS. Elle a réponse à tout! Enfin, mets nous au courant de ce qui se passe là-bas, afin que je n'aie pas l'air d'un étourneau en débarquant.

1866.

AIR : *Muse des Bois.*

Que voulez-vous, papa, que je vous dise?
Rien de nouveau, dit-on, sous le soleil.
Je n'ai rien fait, croyez en ma franchise.

LE TEMPS.

Son règne alors aux autres est pareil.

1866.

Oui, sur la terre aujourd'hui rien ne change
Et l'an prochain, je le dis sans détours,
Tout comme moi verra qu'on boit, on mange,
On rit, on pleure et l'on se bat toujours.
Il pourra voir que les restaurants traitent
En nous faisant payer cher du mauvais,
Et qu'au besoin les usuriers nous prêtent
Assez d'argent pour être sûrs des frais.
Que dire encor? les femmes se comportent
Ni bien, ni mal, ça dépend du pays;
Pourtant je crois que les hommes en portent
D'aussi touffu's en province qu'à Paris.

LE TEMPS.

Parleras-tu de la France inondée?

1866.

La charité rachète ces malheurs
Et par le peuple elle est bien secondée,
Nous n'aimons pas à voir couler les pleurs.

LE TEMPS.

La politique?

1866.

Oh! j'ai vu trop de choses,
N'en parlons pas, mais disons seulement :

Que les effets ont justifié les causes,
Venise l'a prouvé dernièrement.
Bref, quand ma sœur régnera sur la terre
Elle verra tout le bien que j'ai fait,
Mais qu'elle évite le mal que j'ai pu faire,
En la quittant c'est là mon dernier souhait.

LE TEMPS. Allons, il y a bien quelques circonstances atténuantes en ta faveur... mais je ne serai bon juge qu'après mon expertise. Et vous, mes petits amis, je ne vous dis pas de vous en aller... mais, je désire rester seul avec l'Année 1867.

CHŒUR DE SORTIE.

AIR : *Si j'étais Roi.*

Laissons-les, il le faut,
Puisque le Temps la favorise ; } *bis.*
Ne disons plus un mot,
Que le silence soit la devise.

SCÈNE V.

LE TEMPS, L'ANNÉE 1867.

LE TEMPS. Et maintenant, ma fille, un avis avant de nous mettre en route.

1867. Voyons.

LE TEMPS. Consigne-moi cette vilaine Pluie pendant un mois au moins, vois-tu, en hiver, les mortels préfèrent une bonne gelée ; entre nous soit dit, ton premier janvier n'avait rien de bien séduisant.

1867. J'obéirai.

LE TEMPS. Je veux que tu sois énergique et sans peur et sans reproche.

1867. Ainsi, vous allez à Paris?

LE TEMPS. Oh! Nenni!... Les loyers et la nourriture y sont hors de prix à cause de l'Exposition qui va s'ouvrir... et puis je vais te dire... J'aime le pays du bon vin.

1867. Alors allez à Bordeaux?

LE TEMPS. Fi! c'est le vin des Anglais!

1867. En Bourgogne?

LE TEMPS. C'est çà, en Bourgogne, c'est un pays dont j'estime les crus. L'eusses-tu cru, ma fille?

1867. J'ai peur qu'on nous reproche le mauvais vin de 1866.

LE TEMPS. C'est juste, mais je ne voudrais pas dépasser Dijon.

1867. Alors, allons à Châtillon?

LE TEMPS. A Châtillon, soit.

ENSEMBLE.

AIR : *Bon voyage, M. Dumollet.*

Vers la terre
Partons tous les deux,
Dirigeons-nous de suite, partons vite,
Partons vite
C'est là
Qu'on aura
Le plus nouveau
Et surtout le plus beau.

(Ils sortent.)

Changement à vue.

DEUXIÈME TABLEAU.

Châtillon à vol d'oiseau.

SCÈNE Ire.

LE TEMPS, *seul. (Il entre en scène la valise et le parapluie à la main.)*

Ouf! quel chien de temps ; il faut avouer que je n'ai pas de chance ; toutes les fois que je descends sur terre incognito, mes ministres, le Vent et la Pluie, se liguent contre moi pour me faire user mon riflard. *(Il montre le poing.)* Gredins, va... Tiens, il ne pleut plus. *(Il ferme son parapluie.)* Ma colère a produit son effet... Ce matin, j'arrive à Châtillon par le train de 3 heures 21 avec ma fille l'année 1867. Nous traversons d'abord une superbe avenue, et nous descendons ensuite une belle rue où j'aperçois l'Hôtel de la Couronne ; j'entends de la musique dans laquelle je reconnais un air de la *Fiancée*. Alors je me dis : Oh! à Châtillon, comme on joue la musique d'*Auber-tot*. — Plus loin, encore un hôtel, mais je ne m'y suis pas arrêté, parce que je me suis dit que l'on devait déjeûner à la *Poste*. Nous allions nous engager plus loin, lorsqu'on aperçoit ma fille que l'on prend pour une Dugazon ; on nous entoure et on veut nous faire chanter... peu enchanté, je refuse... elle accepte... je me fâche... une rixe s'engage et une fois l'affaire terminée, je m'aperçois que ma fille a disparu à mon nez, à ma barbe ; maintenant à qui la demander, où la chercher?

AIR :

C'est difficile, car, sur mon âme,
J'arrive et je me perds aussi.
Je trouv' tout beau, surtout la femme,
(Au public, très gracieusement.)
La preuve, je la vois ici.
Ma fille est belle, je le concède
Très-belle même, mais entre nous
Mesdames, cll' serait la plus laide
Si je la voyais parmi vous !

Je ne suis pas fâché d'avoir dit ça, moi. Voyons, ce n'est pas le tout, il s'agit de m'orienter et de chercher un hôtel. C'est difficile quand on ne connaît pas Châtillon. Cherchons. Mais par où passer? Bah! le hasard me guidera.

SCÈNE II.

LE HASARD, *paraissant.* Quand tu voudras.

LE TEMPS. Qui a parlé?

LE HASARD. Moi, maître, un de vos fidèles enfants.

LE TEMPS. En effet, cet air de famille... C'est qu'il est très-gentil... des yeux... une bouche... Tout mon portrait, quoi?

LE HASARD. Que voulez-vous? Parlez, j'obéirai.

LE TEMPS. Je désire que tu me fasses retrouver ma fille, l'année 1867.

LE HASARD, *à part.* Nous y voici. *(Haut)* Ta fille te cherche dans Châtillon. Cherchons-la à notre tour.

LE TEMPS. Ah! ça, mais je n'ai pas déjeûné. Où donc pourrais-je aller?

LE HASARD. Va chez Clerc.

LE TEMPS. Ah! oui, car on m'a dit que son chef était un vrai *Chevalier.* Et puis après tu me feras voir la ville.

LE HASARD. Oh! ce sera bientôt fait.

AIR : *Liberté des Théâtres (Hervé).*

Je suis le Hasard, mon costume
Est, comme moi, bâti sans art.
Pour te guider, c'est ma coutume,
Je vais te conduire au hasard.
En sortant de l'embarcadère
Nous prenons un joli chemin.
Avant de passer la rivière
A droite admirons le moulin.
La ville au milieu de campagnes,
Comme un décor monumental,
S'élève à l'ombre des montagnes,
Et de son château féodal
En deux camps elle se divise :
Ici Chamont... là Châtillon ;
Mais toutes deux ont pour devise
Le travail qui fait leur union.
Voici la Douix, source fort belle;
Là les ruines des Cordeliers,
Plus près une vieille chapelle,
Par ici les Arquebusiers.
Poursuivons notre traversée
Et partons dans la ville dont
Chaque rue est très-bien percée,
A Châtillon comme à Chamont.
Que vois-je là? c'est le théâtre,
Près du palais municipal,
On dit qu'un auteur trop folâtre,
Ce soir nous y traite fort mal.
Quel est ce bruit? sont-ce les ruines
Du château? Non, c'est le travail
Qui sut les changer en usines;
Mais nous les verrons en détail.
Bref, dans Châtillon, je l'espère,
Si nous voulons le parcourir,
Pour tout voir nous aurons à faire.
Pas de retard, veux-tu venir?
Je suis le hasard, etc.

LE TEMPS. Et où vas-tu me conduire?

LE HASARD. Partout, sur les promenades, au théâtre. Ta fille m'a chargé de te faire les honneurs de la ville, c'est-à-dire de passer tout en revue, je tiens à bien m'acquitter de mes fonctions et à prolonger le plus longtemps possible l'existence de cette revue.

AIR :

L'année est à peine finie
Qu'on voudrait bien la retenir,
Retenez-moi, je vous en prie,
Longtemps dans votre souvenir.
Je compte bien qu'à ma revue
Châtillon en entier viendra ;
Pour peu qu'une fois il m'ait vue,
J'en suis bien sûr, il reviendra.
Quand il m'aura vue et revue
Pour me voir, il me reverra.

(Il sort en courant, le Temps court après.)

(Le rideau baisse.)

PREMIER ACTE. — TROISIÈME TABLEAU.

Châtillon-sur-Seine en 1866.

SCÈNE Ire.

CHŒUR.

AIR : *La mère Michel est veuve.*

Ah! courez, courez, courez,
Que l'on se presse,
Que l'on s'empresse.
Ah! courez, courez, courez,
Et plus tôt vous arriverez!

LE TEMPS.

Pristi! dans cette foule
Sans guide, je me perds, *(bis)*
On me pousse, on me roule,
J'en suis tout de travers.

Le hasard, d'embarras,
Me tirera, j'espère,
Le Temps ne perdra pas
Le sien à ne rien faire!
Accourez, etc.

LE TEMPS. C'est-à-dire que voilà vingt-quatre heures que je suis à Châtillon et je m'y ennuie à mourir.

SCÈNE II.

LA FONTAINE DES DUCS, *entrant*. Mourir! allons donc, est-ce que je ne suis pas là, moi, pour t'en empêcher, si tu n'étais pas immortel.

LE TEMPS. Vous, belle dame, mais je n'ai pas l'honneur de vous connaître.

LA FONTAINE. C'est justement là ton tort; je suis la Fontaine des Ducs, il est vrai que je ne suis guère facile à apercevoir.

AIR : *Des Cloches (Dragons de Villars)*.

Ça me désespère,
Car je ne suis qu'à fleur de terre.
Mais pour le moment
Point n'ai besoin de monument.
Je sais que je ne suis
Ni fontaine, ni puits,
Pourtant chez moi jadis,
Connue encore, le pays
Venait, venait en masse
Puiser mon eau vivace,
Qui, dit-on, débarrasse
Les vieillards de la mort,
Mais on le dit encore,
Chaque vieillard le croit,
Chaque vieillard en boit,
J'en suis fière, ma foi.
Venez, venez, vieillesse, enfance,
Venez, de l'eau je donne en abondance,
Mes amis, respect à cette croyance,
D'une chose vraie elle a l'apparence.
C'est la foi qui sauve, dit-on;
Que chacun ait cette croyance
Dans Châtillon.

LE TEMPS. Mais c'est une grande vertu que vous avez là.

LA FONTAINE. J'avoue que les vieillards sont mes meilleurs clients, la jeunesse est incrédule, elle doute de ma puissance.

LE TEMPS. Et puis elle est insouciante. Alors, puisque tu prolonges l'existence, on doit vivre plus longtemps dans ce pays que dans les autres; et puis comme les maris doivent te détester.

LA FONTAINE. Pourquoi cela?

LE TEMPS. Dam! puisque tu rends leurs femmes éternelles.

LA FONTAINE. Oh! pas tout-à-fait. D'ailleurs, je rends d'autres services, j'alimente la ville.

SCÈNE III.

LA DOUIX, *entrant*. Pardon, après moi.

LA FONTAINE. La Douix!

LE TEMPS. Encore une source? ça coule de sources!

LA DOUIX. Moi, au moins, je suis une rivière; mais vous, vous n'êtes qu'une citerne.

LE TEMPS. Pardon, je trouve cette attaque *si-terne*, que je demande des explications.

LA DOUIX.

AIR : *De Fortunio*.

Parmi les rivières petites,
Je compte, mais
J'ai des écrevisses, des truites
Pour les gourmets.
Je sors d'un rocher gigantesque
En bondissant,
Et dans un site pittoresque
Tout doucement
Je suis le courant qui m'entraîne,
Et de la Douix,
En deux bonds, je suis à la Seine;
Là je finis.
Au point où je me joins au fleuve,
Mon compagnon,
L'art bâtit une ville neuve :
C'est Châtillon.
Vous le voyez, je suis petite,
Petite, mais
Vos compliments, je les mérite,
Châtillonnais.

LE TEMPS. Allons, je vois que vous n'attendez pas que l'on vous fasse des compliments; à part ça, vous avez un assez joli filet.

LA DOUIX. Dam! il est clair et abondant.

LA FONTAINE. Abondant, je ne dis pas, mais, en résumé, votre eau ne vaut pas la mienne.

LA DOUIX. Prenons Monsieur pour juge; qu'il boive seulement un litre de votre eau et un litre de la mienne?

LE TEMPS. Quelle occasion! non, merci, sans cérémonie.

AIR : *De l'Amazone*.

Boire de l'eau, cela me paraît fade;
A ce plaisir, je trouve peu d'attraits.
C'est bien assez, quand on n'est pas malade,
D'en boire déjà dans le vin, dans le lait.
Je n'aime pas à me mettre en colère
Et me souviens qu'un proverbe peu nouveau
Nous dit que l'eau change le caractère,
Car les méchants sont tous des buveurs d'eau. (*bis*)

LA DOUIX. Vous n'aimez pas l'eau? vous; vous êtes donc de la Bourgogne?

LE TEMPS. Je ne sais pas, je suis venu au monde sous une asperge. (*Sifflet du chemin de fer.*) Qu'est-ce que c'est que ça?

TOUS, *se sauvant*. Le Chemin de fer! *Gare!*

LE TEMPS. Quel *train!* ce chemin me fait l'effet de n'être qu'une *machine.*

SCÈNE IV.

LE CHEMIN DE FER. Oui, le Chemin de fer, c'est-à-dire la vapeur, c'est-à-dire le progrès!

AIR : *Renaudin de Caen.*

De l'Orient à l'Occident,
Comme l'éclair, je franchis l'espace.
Devant moi tout fuit, tout s'efface,
Villes, ruisseaux, plaines, torrents.
Car j'ai les ailes de la foudre,
Croupe de fer, jarrets d'acier;
Aussi terrible que la poudre,
Mon but n'est pas si meurtrier.
Le sol tremble sur mon essor,
Quand je passe, rien ne m'arrête,
Monts et rochers courbent leurs têtes.
Au pays je porte un trésor;
Ce trésor, qui nourrit les villes,
Ce sont nos vins et nos moissons,
Que tirent de nos champs fertiles
Agriculteurs et vignerons.
C'est par moi qu'on a cimenté
La paix, cette aube du commerce,
Qui, tous les jours, au pays verse
Un doux rayon de liberté.
Notre siècle dans ses annales,
Se comparant à ses aïeux,
Aux pages les plus triomphales
Mettra mes projets glorieux.
Je ne suis encore qu'au berceau,
Mais par Suez, j'ai l'espérance
De mettre une main de la France
Dans la main d'un monde nouveau;
Et nous aurons l'honneur insigne
D'être le point de ralliement
De la plus importante ligne
Que la France ait en ce moment.
De l'Orient, etc.

LE TEMPS. Ce que vous dites là bouleverse mes idées; êtes-vous bien certain de ne pas avoir une écrevisse dans le vol-au-vent?

LE CHEMIN. Une écrevisse?

LE TEMPS. Ne sifflez donc pas comme ça, vous m'écorchez les oreilles.

LE CHEMIN. Et moi, je m'abîme la *voix.*

LE TEMPS. Oh! pauvre garçon, je ne m'étais pas aperçu que vous fussiez si à plaindre.

LE CHEMIN. Où voyez-vous cela?

LE TEMPS. Sur votre casquette : P L M. Plaignez le malheureux; c'est clair.

LE CHEMIN. Mais non; Paris-Lyon-Marseille, farceur!

LE TEMPS. Seulement, vous parlez de faire de Châtillon un point de ralliement, je croyais que vous n'étiez qu'un embranchement?

LE CHEMIN. Erreur; j'ai le projet de faire de Châtillon un point de jonction de la ligne de l'Est et de la ligne de Lyon. C'est à cet effet que j'ai créé la ligne de Troyes. Voyez.

SCÈNE V.

LA LIGNE DE TROYES, *entrant.*

AIR : *Dîner de Madelon.*

Je suis encore à l'étude
De Troyes jusqu'à Châtillon,
Mais j'ai bien la certitude
D'hisser bientôt pavillon.
Alors on verra, je pense,
Unis grâce à mon essor,
Dans ce beau pays de France,
La Champagne et la Côte-d'Or.

LE TEMPS. Alors, c'est vous qui jalonnez les chemins futurs?

LA LIGNE. Je suis l'avant-coureur de l'exploitation.

LE CHEMIN. Autrement dit, l'écuyer de la Compagnie. Si je n'avais que celui-là encore!

LE TEMPS. Ah! ça, vous êtes donc un régiment de ligne?

LE CHEMIN. Nous sommes une *Compagnie.*

LE TEMPS. Nous bataillons sur les mots.

LE CHEMIN. Si vous voulez m'offrir quelque chose, je vous ferai voir *Mé-ligne.* Je vous préviens que j'aime le café *Léger,* nous irons chez le *Roy* des cafetiers, et avant de prendre votre *Billet* de départ, nous pourrons aller prendre un *Sirop;* est-ce *Clerc?*

LE TEMPS. Allons, je vois que décidément vous êtes celui qui fait le plus de *train* de la localité.

SCÈNE VI.

LA SEINE, *entrant.* Quand je ne me mêle pas de la partie.

TOUS. La Seine.

LA SEINE, *au Chemin.* Arrière!

AIR : *De la Fiancée.*

Place! c'est moi qui suis
La terreur du pays :
C'est moi qu'on appelle la Seine.
Plus un mot, ou sinon
Dans mes eaux, d'un seul bond,
Châtillon à Paris je t'entraîne.
Vos cours et vos maisons
Sont pour moi des prisons,
Je suis dans un étau,
Mais c'est vrai ruisseau.
De rage je bondis
Tant pis pour le pays.

Ne vous plaignez donc plus
Si grâce à vos abus,
La Seine pour vous est mauvaise,
Il faut que dans mon lit,
Le jour comme la nuit,
Je m'étale tout à mon aise.
Place! c'est moi qui suis
La Seine, et qui vous dit :
Si l'on me gêne, tant pis,
J'inonde le pays!

SCÈNE VII.

LE BASSIN SAINT-ANTOINE *entre en pleurant.* Ah! madame, puisque vous avez tant d'eau, vous ne feriez pas mal de m'en donner un peu.

LA SEINE. D'abord, qui es-tu?

LE BASSIN. Le Bassin St-Antoine. Vous savez, celui qui n'a jamais d'eau?

LE TEMPS. Bon! encore un qui nous parle de son eau; moi, j'en ai plein le dos!

LE BASSIN. C'est moi qui voudrais bien en être plein d'eau; je me dessèche en plein hiver, que sera-ce donc l'été?

AIR : *De Joseph.*

Ah! ça, pourquoi donc suis-je au monde
On me laisse à sec trop longtemps,
D'eau pourtant Châtillon abonde;
De l'eau, s'il vous plaît, j'en attends.
Oh! mon patron, grand saint Antoine!
Viens à mon aide, car, enfin,
Je n'ai que du sable pour patrimoine.

LE TEMPS.

Bassin, vous êtes un *bassin!*

LE BASSIN. Parbleu, je le sais bien.

LE TEMPS. Seulement, en vous voyant, je ne pourrais pas vous dire ce que je dirais à Madame.

LA SEINE, Et que pourriez-vous me dire?

LE TEMPS. Qu'en vous voyant ici, je vois l'*eau-céans.*

LE CHEMIN. Oh! l'Océan! une méchante rivière!

LA SEINE. Dis un fleuve, qui a fourni le sable sur lequel repose ton existence.

LE CHEMIN. Vous raillez!

LA SEINE. Tiens, vous *déraillez* bien, vous!

LE CHEMIN. C'est pour les jours où vous gelez.

LA SEINE. Il faut bien se divertir un peu, les jolies femmes, du reste, sont capricieuses.

LE CHEMIN. Oui, mais...

AIR :

On saura bien te contraindre
A rester tranquille chez toi,
Afin de n'avoir plus à craindre
Que ton fleuve fasse la loi.

LE TEMPS. Ou bien,
Quand tu débordes, fais en sorte
Du Nil d'imiter la bonté.
Si tu veux qu'on t'ouvre la porte,
Donne aux champs la fécondité.

LA SEINE. Tiens, ce n'est pas bête ce que tu me dis là; j'y réfléchirai.

LE CHEMIN. Enfin, j'orne ma ville, moi; j'ai ma gare, mon avenue, et la preuve c'est que tous les promeneurs ont déserté la Douix pour se porter chez moi.

LA SEINE. Mais, moi, j'ai mes rives?

LE TEMPS. Oui, qui ne sont pas toujours embaumées.

LA SEINE. Et puis, j'ai... au fait, qu'est-ce que j'ai donc?

SCÈNE VIII.

LE PONT DE BOIS. Moi!

TOUS. Le Pont de bois!

TEMPS. Dieu! j'ai cru qu'il allait nous flanquer une *pile.*

PONT. Pour être un pont solide, à moi le *pon-pon.*

AIR : *Des Bavards.*

C'est moi que l'on nomme, nomme,
Pont de bois et qu'on renomme.
La Seine n'a qu'à bien se tenir,
Elle ne pourra me démolir.
Je suis petit, mais quoi qu'on fasse,
N'ayez pas peur que je casse,
Je tiens bon sur mes tibias.
On ne me démolira pas,
Je ne crains aucun danger;
Rivière, passe tranquille,
Je tiens bon sur chaque pile,
Rien ne peut me faire bouger.

TEMPS. Peste! quel gaillard!

PONT. Dam! Madame m'a éprouvé au mois de septembre.

TEMPS. Ah! ah! vous avez vu le feu de l'eau?

PONT. La Seine est si capricieuse; quand il pleut elle engraisse, quand il fait chaud elle maigrit.

SEINE. C'est toi, qui *m'aigrit* le caractère.

CHEMIN. Ah! ça, on ne lui fera donc pas baisser la *voix!*

SEINE. Baissez donc plutôt vos tarifs?

CHEMIN. Mille locomotives!

SCÈNE IX.

LE CHATILLONNAIS. Eh! bien, quel est ce tapage?

TOUS. Le Châtillonnais!

CHATILLONNAIS. Oui, le Châtillonnais, qui sait tout ce qui se fait, tout ce qui se dit, et dont les conseils ne sont jamais dédaignés.

AIR : *Pas styrien.*

Je suis gazette
Coquette
Et fidèle interprète,
Discrète,
Des bruits qu'on me répète.
En quête,
Pour faire ma cueillette,
Des bruits qu'on fait au pays,
Aux hommes j'explique,
Sans fard, ni critique,
Ce qu'en politique
A Paris, l'on voit.
En bonne personne,
Aux dames je donne,
Au bas des colonnes,
Un roman grivois.
L'agriculteur, le boursier, le notaire,
La ville entière,
Sous-préfet, Maire,
Trouvent chez moi de quoi les satisfaire.
J'ai plus d'amis
Que d'ennemis.
De Paris souvent les journaux
Parlent mal de nos provinciaux,
Et c'est à nous que ces Messieurs
Empruntent leurs faits curieux,
Car nous sommes le miroir
Où la ville, sans le savoir,
Se reflète matin et soir,
Et chaque jour peut se revoir.

Je suis gazette, etc.

TEMPS. Morbleu! c'est que son ramage ressemble à son plumage.

CHATILLONNAIS. Voyons, de quoi s'agit-il? Le Bassin Saint-Antoine se plaint d'être à sec? il a raison : il n'est pas fait pour ça; le Chemin de fer vous parle de ses avantages? Parbleu, s'il n'en avait pas, l'eussions-nous bien accueilli? Quant à la Seine, je lui conseille d'être plus calme, ou je pourrais bien conseiller au pays de l'endiguer sérieusement.

TEMPS. Voilà qui est parlé!

BASSIN. C'est pourtant bien simple ce qu'elle vient de dire là ; eh! bien, moi, je ne l'aurais pourtant pas trouvé.

TEMPS. Parbleu! il y a une si grande différence entre vous.

BASSIN. Et laquelle, s'il vous plaît?

TEMPS. C'est qu'on ne la laisse sortir que parce qu'elle est timbrée, et que le jour où tu le seras, on t'enfermera dans la maison des fous.

(Bruit en dehors.) Mille millions de pommes de cannes!

TEMPS. Qu'est-ce que c'est que ça?

SCÈNE X.

LA HALLE AU BLÉ. Ça, mon petit père, c'est la Halle au blé. Je ne suis pas belle, c'est vrai, et je ne suis guère solide non plus. *(Elle tombe.)*

TOUS. Ah!

HALLE. Ne vous dérangez pas, c'est la moitié de mon bâtiment qui s'écroule.

HALLE. *(Rondé.)*

Vous m'accorderez, je le pense,
Le droit d'être avec vous ici!
TOUS. Oui, oui, oui.

HALLE.

Bien que j'aie peu d'apparence,
Je coûte assez cher, Dieu merci!
TOUS. Oui, oui, oui.

HALLE.

Je suis sur les bords de la Seine,
Où quelque jour j'enfoncerai.
Si l'on ne se donne pas la peine
De me rebâtir, je croulerai;
J'ai beau me débattre et crier,
Je crois qu'on veut m' laisser noyer.

CHATILLONNAIS.

Venez, venez, Châtillon-sur-Seine,
Pays dont l'industrie est reine,
Ce soir passera tout entier sur la scène.

TOUS.

Venez, etc.

BASSIN.

On parle de bornes fontaines,
Je crois l' projet tombé dans l'eau.

PONT.

On devrait aussi sur la Seine
Faire des quais; ce n'est pas beau.

BASSIN.

Et nous donner des réverbères
Qui, du moins, nous éclaireraient;
Auprès du gaz que vos lumières,
Monsieur le schiste, pâliraient.
Nous réclamons pour notre pays
Du gaz, s'il vous plaît, à grands cris.
Venez, etc.

CHATILLONNAIS.

Il y a quelques mois un incendie
Fut près de réduire le café Martin;
Sur les lieux toute la compagnie
Se réunit : ils étaient vingt.
C' qui manquait, c'n'était pas les pompes,
On ne demandait que des seaux.
Les braves pompiers, en leur nombre,
De n'avoir pas de seaux étaient sots.
De grâce, n' nous laissez pas brûler!
Qu'chez nous les seaux soient quintuplés.
Venez, etc.

SEINE.

Nous rions, mais pour la bonne cause,
En regardant de toutes parts,
Voyez le marché qui repose
Sur pilotis, sous des hangards.

DOUIX.

Et sur notre grande rivière,
Cet affreux petit pont de bois?

PONT.

Eh bien! changez mon pont en pierre,
Et ça me donnera du poids.

TEMPS.
Moi j'dis que tout est comme il faut,
De Châtillon à Chamoniot.
Venez, etc.

CHATILLONNAIS.
De l'indulgence, je vous prie,
Tout n'est pas vilain au pays :
La Mairie, la Sous-Préfecture
Et le Théâtre réunis,
Avec tout autour un square,
Présentent un coup-d'œil charmant.
La Porte du Recept nous est chère ;
Et le Château, quel monument !
Et partout que de souvenirs !
Ici l' travail, là le plaisir.

Venez, etc.

(Rideau.)

QUATRIÈME TABLEAU.

Le Temps au théâtre de Châtillon.

SCÈNE Ire.

LE DIRECTEUR, LE MACHINISTE.

LE DIRECTEUR. Hein?... Qu'y a-t-il?

LE CHEF D'ORCHESTRE. On a frappé les trois coups.

DIRECTEUR. C'est une erreur... *(au public)*. Veuillez m'excuser, Messieurs.... *(élevant la voix)* au rideau !... *(Il s'éloigne en saluant, le rideau baisse une idée et reste accroché.)* Bon. Qu'est-ce encore ?

VOIX EN DEHORS. Le rideau est accroché.

DIRECTEUR. Maladroit !... *(au public.)* C'est une fatalité !

LE TEMPS, *dans la salle.* Pardon, monsieur le Directeur, mais vous allez bien continuer la Revue, n'est-ce pas ?

DIRECTEUR. Sans doute, mais le temps aux artistes de changer de costumes, aux machinistes de placer les décors, vous comprenez?

TEMPS. Bien, bien, parce que je vais vous dire, si c'était un truc pour finir là votre Revue, ça ne ferait pas notre affaire.

DIRECTEUR. Quoi, monsieur, vous croiriez ?

TEMPS. Dam ! je suis allé à Paris dernièrement, et j'ai tant vu de ficelles ; tenez, on montrait, à la salle Hertz, une tête de décapité, qui disait papa et maman comme un bébé, et as-tu déjeûné? comme un perroquet... je n'ai pas voulu *débiner* l'affaire... mais je la trouvais mauvaise.

DIRECTEUR. Vous voyez pourtant qu'ici, il n'y a pas de ma faute !

AIR : *Saltarello.*

Messieurs, rendez-moi cett' justice
Que j'eus près de vous des succès
Et que je n'ai rien fait qui puisse
Justifier un insuccès.
Jusqu'à présent notre théâtre
Eut des acteurs aimés de vous,
Nous nous somm's mis souvent en quatre,
N'est-ce pas? pour vous plaire à tous.
Ancien et nouveau répertoire,
Je l'ai bientôt tout épuisé.
Pour vous plaire dans votre histoire
A pleines mains j'avais puisé :
J'avais un' superbe Revue,
(à part) C'est pour les auteurs que j'dis ça ;
Entre nous, puisqu'elle est fichue.
J'aime autant qu'elle finisse là.
Mais j'ai si peur qu'ils ne m'entendent,
Que je désire en ce moment
Qu' les Châtillonnais demandent
Ou la Revue ou leur argent.

TEMPS. Oui, oui, rendez l'argent, moi qui n'ai pas payé ma place, cela m'irait assez.

UN GAMIN. Ah ! ca, vieux z'ailés, allez-vous, oui ou non, fermer votre piston ?

TEMPS, *se levant.* Monsieur ?

GAMIN. Eh ben, de quoi, ça ne donne pas un radis au théâtre pour entrer... et ça jabotte comme une vieille fille.

TEMPS. Monsieur, vous êtes un polisson !

GAMIN. Un *pooolisson !* oh ! c' te tête, pigez-moi ça... une tête de veau sur un plat de haricots ! Mais on lui donne une entrée pour montrer sa binette aux Châtillonnais.

TEMPS. Vous êtes un insolent, et je vais porter plainte.

GAMIN. Plainte !... Va donc faire tirer ta photographie, tête de marron sculpté.

TEMPS. Attends, gamin, je vais monter.

GAMIN. Au *Poulailler.*

TEMPS. Me prenez-vous pour un pigeon ?

GAMIN. Tu as des ailes, on te plumera.

DIRECTEUR. Oh ! Messieurs, de grâce...

TEMPS. Je me tais... mais je proteste.

UNE VIEILLE. Eh bien ! non, c'est indigne, on ne vient pas au théâtre pour se voir insulter de la sorte.

GAMIN. Eh ben, qu'est-ce qui lui demande quelque chose à cette vieille ruine?

VIEILLE. Ruine !... C'est indigne, je n'ai jamais vu scandale pareil à ce théâtre, il est vrai que voilà quarante-cinq ans que je n'y ai pas mis les pieds.

TEMPS. Madame est demoiselle ?

VIEILLE. Pour le moment, oui, Monsieur.

GAMIN. Demoiselle ! oh ! c'te *ocasse*... Asseyez-vous dessus, et que ça finisse.

TEMPS. Voyons, c'est insupportable !... qu'est-ce qui fait loi, ici ?...

GAMIN. Mais, c'est toi, qui fais *l'oie*, vieux Rabat-joie.

DIRECTEUR. Messieurs, je suis obligé de vous imposer silence ou de faire évacuer la salle.

VIEILLE. Evacuer ! Ah ! ben, par exemple, et mes quarante sous.

DIRECTEUR. Permettez !

VIEILLE. Le *père Mettez* reste sur la Charme et n'a rien à voir là-dedans.

DIRECTEUR. Il est impossible de continuer la Revue dans ces conditions-là.

VIEILLE. Impossible ! Est-ce que c'est une Revue que vous donnez-là... vous ne parlez seulement pas de la Porte de Paris. Je trouve cela regrettable, moi, qui demeure tout près ! avec ma sœur !...

GAMIN. Oh ! sa sœur !... (*d'une voix flûtée*) Est-elle heureuse ?

VIEILLE. Heureuse !... avec les misères qu'on fait tous les jours (*pleurant*), pauvre sœur !... (*au public*). Figurez-vous ?...

GAMIN. Comment que tu dis, *Lavoie ?*

VIEILLE. Te tairas-tu, méchant garnement !

GAMIN. Taisez-vous vous-même, vieille sangsue en convalescence !

DIRECTEUR. Mais enfin, madame, que demandez-vous ?

VIEILLE. Parbleu ! que vous continuiez votre Revue, mais surtout que vous ne nous chantiez plus des couplets sur des vieilles balançoires que tout le monde connaît !... Chantez-moi donc des airs nouveaux... Ah ! de mon temps !

GAMIN. Je demande à entendre la vieille !...

TEMPS. Et moi aussi ! je voudrais recevoir quelques perles de votre gosier dans l'entonnoir de mon oreille.

VIEILLE. Vous n'en aurez pas le démenti.

AIR : *Fanfan la Tulipe.*

Oui, nous faisons bonne chère,
C'est une loi du pays ;
Je suis sûre que sur terre
Chacun est de notre avis ?
Cet air qui ce soir nous enchante
Est aimé de tous les Châtillonnais.
Ensemble, enfants, chantons-le désormais
Cet air qui nous enchante :
En avant bon vin, bonne chère,
Nous devons tous être gais,
Pour ça, remplissons notre verre
Et vive les Châtillonnais !

DIRECTEUR. Mon Dieu, madame, vous n'êtes pas à plaindre, un peu d'indulgence, je vous prie.

TEMPS. Après tout, il me vient une idée, si c'était le Hasard qui entrave votre Revue pour me faire une niche ?

DIRECTEUR. Oh ! ce n'est que le hasard, croyez-le bien !

TEMPS. J'en étais sûr, attendez, je vais dire deux mots pour qu'il cesse cette vilaine plaisanterie. (*Il se lève. A la vieille.*) Mademoiselle, je suis garçon, le célibat me pèse, nous pourrions nous entendre si vous voulez me permettre de vous offrir un rafraîchissement, je vous attends au contrôle. (*Il sort.*)

DIRECTEUR. Ce monsieur est un farceur, une dernière fois, messieurs, je vous fais mes excuses !... Allons, au rideau vivement !...

SCÈNE II.

LE MÊME, LE RÉGISSEUR, *un verre de punch à la main, et un peu aviné.*

RÉGISSEUR. Au rideau... on a crié au rideau !... En scène tout le monde !

DIRECTEUR. Malheureux !

RÉGISSEUR, *voyant le public.* Oh ! Saperlipipopette !

DIRECTEUR. Vous êtes ivre !

RÉGISSEUR. Mais, non, vous savez bien que nous prenons du punch à l'occasion de la Revue !

DIRECTEUR. Mais sortez donc !

RÉGISSEUR. Sans faire mes excuses au public, jamais !

AIR : *Les deux Gendarmes* (Nadaud).

J'ai le malheur d'être sensible,
Messieurs, chacun ici le sait ;
Un homme qui pleur' c'est risible,
J'ai mieux aimé paraître gai.

DIRECTEUR.

Mais quand on va jouer un rôle,
Se griser est un' trahison !
Régisseur, vous êtes un drôle !

RÉGISSEUR.

Directeur, vous avez raison !

DIRECTEUR. Mais, sortez donc !... (*avec douleur*) mais personne ne viendra donc à mon secours !...

SCÈNE III.

LES MÊMES, LA COMÉDIE.

COMÉDIE. Si : moi !

DIRECTEUR. La Comédie !

COMÉDIE. Oui, la Comédie qui te sais gré d'avoir réveillé le goût du théâtre chez les Châtillonnais, et qui veux te récompenser de n'avoir pas laissé tomber mon théâtre en quenouille.

DIRECTEUR. Vous êtes bonne !

COMÉDIE. Je suis reconnaissante... le hasard a entravé ta Revue, c'est à la Comédie à la faire marcher !

AIR : *Pépito.*

De tous les artist's je suis le soutien,
Je veille sur eux en ange gardien.
Sans que tu m'appell's, tu le vois, j'accours
A ton embarras pour prêter secours !
D'ici tu joues la Revue,
C'est difficil', mais charmant ;
Ton public n'est pas un' recrue
Qu'on amuse en s'en moquant.
Il lui faut des choses nouvelles,
De bons mots, de fins couplets :
Des actrices jeunes et belles,
Les Châtillonnais sont coquets.
Ah !
Il leur faut encor esprit et gaieté,
Que leurs portraits soient pleins de vérité.
Souviens-toi qu'on aime, quand on veut se voir,
Etre trouvé beau, même par son miroir.
Ne crains plus qu'on t'abandonne,
Tous tes artistes sont prêts.
A tes décors d'ici j'ordonne
De se ranger sans apprêts.
Tes actrices ont fait leur figure
Pour éblouir tous les yeux,
Les Châtillonnais's, j'en suis sûre,
Craindront pour leurs amoureux.
Ah !
Sème pour l'oreille esprit et gaieté,
Pour fair' ce portrait arme la beauté.
Je veux que, charmé, la vill' dis' ce soir :
C'est riche et coquet, mais c'est mon miroir !

SCÈNE IV.

LES MÊMES, LE TEMPS, puis LE RÉGISSEUR.

TEMPS. Ouf ! m'y voici, ce n'est pas malheureux, il y a tant de trappes sur votre théâtre, que ça m'attrape !...

COMÉDIE, *donnant la main au directeur.* Et maintenant place au théâtre !

(Ils sortent.)

TEMPS, *qui a descendu la scène.* Le Directeur est flatté de me voir... il m'*harcelle,* mais il *rit doux,* c'est visible à voir, voyons où est le Hasard ?

RÉGISSEUR, *dégrisé.* Place au théâtre !... en scène tout le monde !... *(au Temps.)* Que faites-vous ici, Monsieur ?

TEMPS. Moi, je cherche le Hasard, qui...

RÉGISSEUR. Il n'y a pas de hasard !... L'entrée de la scène est interdite au public !

TEMPS. Mais puisque je vous dis !

RÉGISSEUR. Bien !... bien, vous vous expliquerez avec monsieur le commissaire de police !

(Ils sortent. Changement.)

CINQUIÈME TABLEAU.

La Musique et les Bals.

SCÈNE Ire.

LE BAL MARTIN ET SON CAVALIER, L'AUTRE BAL.

CHOEUR.

AIR : *Qu'on est bien à Tivoli.* (Piccolino.)

Dansons, fillettes et garçons,
Dansons aux refrains les plus gais,
Et dans la danse aussi montrons
Ce que c'est qu' des Châtillonnais !
La Musique à ce rendez-vous
Appelle.
L' Bals d' Châtillon, nous voici tous
Chez elle !

BAL MARTIN. Ainsi nous voilà arrivés dans le palais de la Musique !

1er CAVALIER. Moi, je ne me sens pas dans mon assiette ici.

2e CAVALIER. Enfin, que peut nous vouloir la Musique ?

3e CAVALIER Moi, je suis comme M. Morisson, je me le demande ?

1er CAVALIER. Moi, je crois qu'elle veut se plaindre de ton orchestre ?

BAL MARTIN. Laisse-moi donc tranquille, l'orchestre !... mais plus il fait de bruit, meilleur il est ! D'abord, moi, je me propose de diminuer le mien... et... d'augmenter ma consommation !

1er CAVALIER. Si tu fais cela, je file ailleurs.

BAL MARTIN. Eh ! mon cher, ailleurs on ne reçoit pas les premiers venus.

1er CAVALIER. Qu'est-ce à dire ?

BAL MARTIN. Ailleurs, il faut de la tenue, la société y est choisie.

TOUS. As-tu fini !

2e CAVALIER. Ah ça! est-ce que tu vas me faire de la morale?

3e CAVALIER. Ah! messieurs, nous sommes chez la Musique, tâchons au moins d'être d'accord!

SCÈNE II.

LES MÊMES, LE TEMPS.

TEMPS. Au secours, laissez-moi!...

TOUS. Qu'y a-t-il?

TEMPS. Ouf! c'est cet olibrius qui me poursuit dans la rue.

TOUS. Le Bal!

LE BAL.

AIR :

Et vive les flonflons,
Les danses, les chansons.
Au son du violon,
Châtillonnais, dansons!
Venez, venez, au bal
On ne fait pas de mal.
Dansons, vive le bal!
Et chantons Bacchanal!
Dans ce monde tout n'est qu'un bal,
Jeunes ou vieux, on fait un régal. } *bis.*
Le sage danse en carnaval
Et le fou danse à l'hopital.
Dansons, faisons danser la vie,
La raison rira
A l'unisson de la folie.
Le bal rend la femme plus jolie,
Au bal on vous adorera, hourra!
Le prodigue dit à son or : dansons!
La femme à son cœur : on t'aime, dansons!
Fille à sa vertu : tu gênes, dansons!
Tout ici-bas nous dit : dansons!

TEMPS. Merci, si son jambage ressemble à son ramage!

BAL. Sans doute, l'un ne va pas sans l'autre. *(Il danse en reprenant) :*

Et vive les flonflons, etc.

TEMPS. Et ces dames sont?

BAL. La salle Martin.

TEMPS. Vous n'avez que cette salle à Châtillon?

BAL. Pardon, il y en a encore une autre; mais je n'ai pas pu la voir, car on m'a retiré mon *Billet*.

SALLE MARTIN.

AIR : *Entre Paris et Lyon.*

Je suis la salle Martin,
Zim, la boum, etc.,
Sans bosquets, ni jardin,
Ma salle est fort gentille;
On y voit, c'est certain,
Plus d'une jolie fille.
Venez, et vous verrez,
Zim, la boum, etc.,
Qué vous vous amuserez;
De beautés je fourmille.

LE TEMPS.

Le hasard me disait :
Zim, la boum, etc.,
Châtillon est coquet.
Oui, la ville est coquette,
Je ne trouve rien de laid,
Mais, tout bas, je regrette
Que le papa Martin,
Zim, la boum, etc.,
Pour Châtillon n'ait point
De salle plus coquette.

SALLE MARTIN. Si ça ne vous va pas, vieux casse-noisette, ce n'est pas une raison pour en dégoûter les autres!

TEMPS. Je ne parle pas du public, je parle de votre musique.

SCÈNE IV.

LA MUSIQUE *entrant.* Tais-toi, ne profane pas ce nom sacré.

TOUS. La musique!

TEMPS. Enfin, je trouve donc quelqu'un de mon avis.

MUSIQUE. Je vous assure que si vous entendiez de la bonne, de la vraie musique, vous en seriez charmé.

SALLE MARTIN. Flûte! pour dormir!

TOUS. Oui, allons-nous-en.

MUSIQUE, *au Temps.* Elles resteront.

AIR :

La Musique sur terre
Un jour tomba du ciel.
Soudain le charme opère,
Tout vient à son appel.
Alors passait Orphée,
Qui, veuf de ses amours,
Lui dit : divine fée,
Reste avec nous toujours.

TEMPS. Elles restent.

MUSIQUE. Je le savais bien.

Par les monts, par les plaines,
Tout tombait à ses pieds.
A sa voix que de haines
Devinrent amitiés!
Puisque le charme opère,
Fée, aux accords si doux,
Ne quitte plus la terre,
Reste avec nous toujours.

TEMPS. Ce n'est pas pour vous flatter, mais il me semble que l'on ne vous accueille pas avec enthousiasme, ici?

MUSIQUE. Pourquoi cela?

TEMPS. Dam! si l'orchestre de ces dames est toute la musique de Châtillon?

MUSIQUE. Oh! non, heureusement. Nous avons une bonne Fanfare, longtemps à l'agonie, aujourd'hui belle et bien portante grâce à M. Dierolf, son jeune chef. N'oublions pas la Société chorale, non moins bien dirigée par M. Alwens.

TEMPS. Mais elles sont donc invisibles ces deux Sociétés?

MUSIQUE. Mais, non. Tu veux les voir? les voici.

SCÈNE V.

LA FANFARE et LA CHORALE entrent.

TEMPS, *montrant la Chorale*. Ah! ah! voilà, sans doute la Fanfare?

CHORALE. Pardon, je suis la Société chorale.

AIR : *Quand j'étais roi de Béotie.*

Cher Orphéon, ton père, Orphée,
A pu te donner pour cadeau
De baptême une bonne fée
Qui te protège en ton berceau.
On t'a vue, jusqu'à Saint-Etienne,
Avec la France concourir;
La médaille d'or, c'est sans peine
Que ton talent sut l'obtenir.
Cher Orphéon, ton père, Orphée,
T'a doté d'une bonne fée,
Ah!
Or fais notre Orphéon, Orphée!

TEMPS. Vous avez du succès; tant mieux, cela prouve que les Châtillonnais sont amateurs de l'art.

CHORALE. Oh! je n'aime pas les calembours plats.

TEMPS. Oui, je sais que vous n'aimez que les médailles. Et vous, chère Fanfare, il paraît qu'on a aussi des compliments à vous faire?

FANFARE. Oui, nos musiciens sont bons, ce sont nos instruments qui ne le sont pas.

AIR : *Chiquita.*

Ah! plaignez notre Fanfare!
Elle est bonne, mais, cependant,
Il faut enfin qu'on répare
Des musiciens l'instrument.
Comment voulez-vous qu'on trouve
Les airs que nous jouons beaux?
Quand on nous entend, qui le prouve?
Nous n'avons que des sabots.
Allons vite, qu'on les répare
Nos instruments vieux et laids,
Châtillon, et ta Fanfare
Sera bonne désormais. } *Bis.*

MUSIQUE. La Fanfare a raison; aussi je promets de bien plaider sa cause auprès de qui de droit, et j'ai tout lieu d'en espérer la réussite.

AIR : *Lischen et Frischen.*

TOUS.

Ah! ah! il est temps que l'on fasse un effort
Pour mettre chez nous la musique d'accord. } *Bis.*

LE BAL.

Mieux que la politique
On est sûr qu'au moins
L'art de la musique
Aurait tous nos soins.
J'emporte l'espérance
De penser que la danse,
La musique encore,
Se trouveraient d'accord.
Ah! ah!

LA MUSIQUE.

Bals, soyez tranquilles;
Nous ne voulons plus
Laisser dans la ville
Commettre d'abus.
Car sans moi la danse
Ne pourrait, je pense,
Trouver de longtemps
Nombreux partisans.
Ah! ah!

LE TEMPS.

La musique est bonne
A charmer l'ennui,
J'en suis sûr, personne
N'en doute aujourd'hui.
La preuve est certaine,
Châtillon-sur-Seine
En aurait si l'on
Lui donnait du bon.
Ah! ah!

(*Rideau.*)

SIXIÈME TABLEAU.

Le Commerce et l'Industrie.

SCÈNE Ire.

LES OUVRIERS *se rendent au travail.*

CHŒUR.

Allons, amis, courage,
Vite rendons-nous à l'ouvrage,
On a sonné, je gage,
Aux ateliers l'appel des ouvriers.

1er OUVRIER. Quel est donc le farceur qui prend la pierre pour un matelas et le grand air pour une couverture!

2e OUVRIER. Il ronfle à réveiller une marmotte.

TOUS. Eh! l'ami!

TEMPS, *s'éveillant*. Qui m'appelle? (*Il éternue.*)

1er OUVRIER. Réveillez-vous! le soleil est levé et l'on s'enrhume au serein.

TEMPS. Serin vous-même, entendez-vous?

2e OUVRIER. Voyons, ne vous fâchez pas. Que faites-vous ici?

TEMPS. Moi! je me promène.

3e OUVRIER. Sur un banc?

TEMPS. Voyez-vous, c'est le hasard qui

m'a conduit ici, probablement que j'y retrouverai ma fille. Si vous la rencontrez, dites-lui que son père, le Temps, l'attend. Chère petite Soixante-sept, va!... Qu'est-ce que vous avez donc à chuchoter et à me regarder de travers?

2ᵉ OUVRIER. Rien, mon brave; seulement il faut vous soigner et ne pas sortir seul, car si les gamins vous voyaient.....

TEMPS. Ils sont fous!

3ᵉ OUVRIER. Adieu, mon ami. Laissons-le, il n'a pas la folie méchante. Allons au travail. *(Ils sortent sur la reprise du chœur.)*

SCÈNE II.

LE TEMPS, *seul.*

Ah! vous prenez le Temps pour un toqué! c'est bon, laissez-le rentrer dans son domaine et il vous donnera de ses nouvelles. Voyons, orientons-nous! *(Il va pour sortir par la droite, il est arrêté par la Laine qui prend un air tragique et le fait reculer jusqu'à gauche où le Blanc fait de même; même jeu pour le Blé et la Boucherie chevaline. Pendant ce temps, l'orchestre joue l'air des Nonnes de Robert.)*

SCÈNE III.

LE TEMPS, LA LAINE, LE BLANC, LE BLÉ, LA BOUCHERIE CHEVALINE.

TEMPS, *à la Laine.* Pardon, madame, mais je n'ai pas l'honneur... *(Il recule et se trouve en face du Blanc.)* Monsieur, trop bon! en vérité. *(Même jeu pour la Boucherie.)* Dieu! qu'il est vilain!

TOUS. Enfin, nous le tenons!

TEMPS, *effrayé.* Serait-ce des brigands? *(A la Boucherie.)* M. Rocambole, ayez pitié de moi!

BOUCHERIE. Je ne suis pas Rocambole! Je suis la Boucherie chevaline.

TEMPS. Comment, vous vendez des saucissons de cheval?

BOUCHERIE. Sans doute!

AIR :

Je suis boucher, ma boucherie,
Monsieur, a beaucoup de clients.
Mes confrères, par coterie,
Aujourd'hui me montrent les dents.
Pourquoi? c'est facile à comprendre :
Souvent ils ont sur leur étal
Bœuf ou mouton qu'ils devraient vendre
Pour de la viande de cheval.
Moi, du moins, c'est du vrai cheval.

TEMPS. Rivalité de métier! Mais, attendez donc, je vous ai déjà vu? vous étiez en voiture... vous alliez à grande vitesse et vous criiez à tue-tête : *Hue-gare!*

BOUCHERIE. Je venais sans doute de l'équarissage.

BLÉ. Moi, je suis le Blé, un des principaux commerce et produit de Châtillon!

AIR :

En tous pays et même en Chine,
Car il nourrit le genre humain,
Sans craindre surtout la famine
Le blé de se vendre est certain.
Dans le Châtillonnais, je passe
Pour donner un excellent grain.

LE TEMPS.

Je le crois, mais ça me tracasse :
Je crains que ce blé n'ait un grain.

BLÉ. Vous ne m'êtes pas sympathique.

TEMPS. Mais, au contraire, seulement j'aurais du plaisir à vous faire cuire.

BLÉ. Par exemple!

TEMPS. Allons, je vois que vous n'êtes pas pétri de bonne volonté.

LE BLANC. Ce n'est pas comme moi!

TEMPS. *Ma mé...*

BLANC. Vous me connaissez?

TEMPS. Oui, *ma mé...* ma mémoire m'est fidèle; vous devez représenter le Blanc.

BLANC. Les chemises surtout.

AIR :

Je suis le roi des chemisiers,
Et je possède une fabrique
Où mes deux cent mille ouvriers
Ne peuvent suffire à la pratique;
Sapristi! je suis sur les dents.

LE TEMPS.

Pardonnez, Monsieur, ma surprise,
Est-ce par là, qu'à vos clients } *Bis.*
Vous prenez mesure de chemises? }

BLANC. Et puis vous savez? comme nul n'est prophète dans son pays, je fais aussi les départements limitrophes.

BOUCHERIE. Est-ce que vous faites aussi mon département?

BLANC. Lequel?

BOUCHERIE. Le département *du Gard.*

TEMPS. Il *a Nîmes.*

BLANC. Vous plaisantez.

TEMPS. C'est que je crois que vous vous poussez un peu trop de col, avec vos deux cent mille ouvriers.

BLANC. Et puis, j'ai d'autres fonctions.

TEMPS. Mais vous me rasez, mon ami?

BLANC. C'est aussi mon état.

TEMPS. Quel toupet! *(A la Laine.)* Et vous, qui ne dites rien?

LAINE. Moi, je suis la Laine.

TEMPS. De cordonnier?

LAINE. Mais, non, le lainage.

TEMPS. Ah! c'est juste. Et moi qui disais : je trouve l'haleine forte. Oh! pas à vous, madame.

LAINE. Vous pouvez dire ce que vous voudrez, la douceur fait ma qualité.

AIR :

Je suis du pays, je le pense,
Un commerce très renommé.
Chacun de mes produits, en France,
Par tout le monde est estimé.

TEMPS.

Moi, j'vous estimerais sans peine
Et je voudrais être votre ami ;
D'une dame comme la Laine
Gardons-nous d'être l'ennemi.

LAINE.

Je suis la Laine, et je m'en vante,
Accourez, paysans, bourgeois,
Car je mettrais pour vous en vente
De mes laines le meilleur choix.

TEMPS. Eh! bien, franchement, vous faites chacun votre éloge avec tant de conscience, que je trouve difficilement à placer un mot; cependant, puisque vous êtes commerçants, vous pourriez me renseigner sur différentes choses.

TOUS. Parlez.

AIR :

Soit! faisons le tour de la ville,
Au lieu de rester à babiller,
Indiquez un tailleur habile.

BLÉ.

Chez Hucq, va te faire habiller;

BLANC.

Non, va chez Menne, dans la rue
Bourgamont;

BLÉ.

Tous deux ont du goût.

TEMPS.

Les cordonniers n'sont pas en vue!

BOUCHERIE.

Ah! bah! nous en avons partout.
Raviot ou Millot, rue de l'Ile,
Te chausseront, sois-en certain :
Ce sont les meilleurs de la ville.

TEMPS.

Des bijoutiers, je n'en vois point?

LAINE.

Mais la boutique de Demandre
Est pleine de bijoux.

TEMPS.

Je veux
Des porcelaines.

BLÉ.

On peut t'en vendre,
Rostain, Bataille en ont tous deux.

TEMPS.

J'aime beaucoup le café, la bière,
J'veux m'en fourrer jusqu'au menton.

LAINE.

Va chez Graff, qu'il te désaltère;
Chez Méligne ou bien au Balcon.

BLANC.

Mamet te vendra des chemises :
Ce marchand est très étoffé,
Il mène à bien son entreprise.

TEMPS.

Bah! ce coiffeur est né coiffé!

BLÉ.

Et des habits de toutes sortes,
Ça ne manque pas.

BOUCHERIE.

Aubertot
En voiture, si tu veux qu'on sorte,
Te conduira comme Charlot.

TEMPS.

Allons, je vois que par la ville
Les commerçants ne manquent pas,
Et rue des Ponts et rue de l'Ile
Je veux aller faire mes achats.

BLANC. Le fait est que vous avez beaucoup de choses à voir, et si vous voulez commencer par mon premier atelier?

TEMPS. Il est embêtant avec son râtelier; c'est un dentiste que ce garçon-là... Alors vous représentez, à vous quatre, le principal commerce de Châtillon?

TOUS. Sans doute!

SCÈNE IV.

L'INDUSTRIE, *entrant*. C'est faux! Certes, le lainage, le grain, c'est quelque chose, sans doute; mais ce n'est pas là l'activité, la gloire du pays.

TEMPS. Et où est-elle donc?

L'INDUSTRIE. Aux Forges de Sainte-Colombe!

TEMPS. Je voudrais bien voir ça.

L'INDUSTRIE. Regarde et admire!

SEPTIÈME TABLEAU.

Les Forges de Sainte-Colombe.

SCÈNE Ire.

CHŒUR D'OUVRIERS.

AIR : *Du Trouvère.*

Entendez-vous ces ouvriers là-bas
Dont au bruit des marteaux
La voix gaiement se mêle?
De Châtillon ce sont là les soldats
Dont le cœur au travail
Ne fut jamais rebelle.

Vite à l'ouvrage,
Allons, courage,
Frappe sur ton enclume, } *bis.*
Et frappe avec courage, }
Ne sais-tu pas qu'au monde entier
Est nécessaire ton ouvrage!
Allons, courage. *(bis).*

TEMPS. C'est beau, c'est sublime!

L'INDUSTRIE.

Je représente mes enfants,
Nobles soldats de l'industrie,
Qui, pour le bien de la patrie,
Luttent en obscurs combattants.
Que de sangfroid, que de courage
Ont ces aventuriers hardis,
Qui dans un difficile ouvrage
Usent leurs jours, passent leurs nuits.
Il faut voir de leurs bataillons
La troupe fière et vigilante
Entrer dans la fournaise ardente
Qui brûle leurs yeux et leurs fronts.
Jetez les regards dans ces mines
Pleines d'héroïques lutteurs,
Dans ces forges, dans ces usines
Qui regorgent de travailleurs,
En face des explosions,
Du feu qui leur saute au visage,
Des machines dont l'engrenage
Les engloutit dans son tourbillon.
Regardez-le, quoi qu'il arrive,
L'œil fixé, depuis son réveil,
Sur cette lumière aussi vive
Que la lumière du soleil.
C'est lui du travail le soldat,
Le cœur débordant de courage,
Qui chaque jour sans trève engage
Sa vie à ce cruel combat.
Au jour marqué par la victoire,
S'il est beau de voir le Français
Ardent à conquérir la gloire
Qu'il asservit à ses hauts faits,
Admirons tous ces dévouements
De travailleurs dont la vaillance
Ne veulent souvent pour récompense
Que les baisers de leurs enfants.
Héros de nos grandes armées,
Si souvent couverts de lauriers,
Saluez ces troupes formées
Par vos frères les ouvriers.
Je suis fière de mes enfants, etc.

INDUSTRIE. Autant ils sont courageux et infatigables au travail, autant ils sont bons et généreux. Qu'un des leurs souffre, ils soulagent sa souffrance; ils s'aident et ils s'aiment : c'est cette union qui fait leur force, et cette énergie et cette fraternité font la grandeur et la prospérité de la petite ville de Châtillon.

TEMPS.

AIR : *Du Charlatanisme.*

Oui, les voici, ces travailleurs;
Je m'en honore et j'en suis fier.
Grâce à leurs glorieux labeurs,
Ils honorent la France entière.
Je ne crains pas dans le pays
Que l'industrie un jour succombe,
Tant qu'on vous verra, mes amis,
Travailler à Sainte-Colombe.

TOUS. Vive Sainte-Colombe!

INDUSTRIE.

AIR : *De la Fille du Régiment.*

Chacun le sait, chacun le dit :
Notre pays, où l'art abonde,
Est le plus beau, sans contredit,
Le plus brillant pays du monde.
Du vrai travail, c'est le berceau;
On peut lire sur son drapeau :
Honneur, courage, indépendance!
Le voilà! le voilà! } *Bis.*
Il est toujours là! }
C'est l'plus beau travail de France.

TEMPS. Mais, leurs distractions?

INDUSTRIE. Le chant. Ecoute!

CHŒUR.

Frappe sur ton enclume, } *Bis.*
Et frappe avec courage. }
Ne sais-tu pas qu'au monde entier
Est nécessaire ton ouvrage.
Allons courage. *(Bis.)*

(Rideau.)

HUITIÈME TABLEAU.

La Promenade de la Douix.

SCÈNE Ire.

PROMENEURS et PROMENEUSES.

1er PROMENEUR. Le fait est que la promenade de la Douix est bien la plus ravissante que l'on puisse imaginer.

2e PROMENEUR. Oui, mais elle est un peu triste.

3e PROMENEUR. A qui la faute? Tout le monde aujourd'hui se porte vers l'avénue de la Gare.

1er PROMENEUR. C'est un tort, tout nouveau, tout beau. Voyez donc si de l'avenue de la Gare vous avez un si joli coup-d'œil?

SCÈNE II.

TEMPS, *entrant.* Pardon, Messieurs; la promenade de la Douix, s'il vous plaît?

2e PROMENEUR. Mais vous y êtes.

TEMPS. Vous croyez? C'est que je vais vous dire : le Hasard m'a dit que puisque j'étais décidé à partir aujourd'hui de Châtillon, je retrouverais ma fille sur la Douix : il paraît qu'elle fait la fête de la Chandeleur avec les blanchisseuses du pays.

3e PROMENEUR. Diable! Comment l'appelez-vous, votre fille?

TEMPS. L'année 1867.

TOUS. L'année 1867!

TEMPS. Vous allez encore dire que je suis toqué!

3e PROMENEUR. Eh! bien, mon brave, si votre fille fait la fête, vous m'en donnerez des nouvelles, car il paraît qu'on a dévalisé l'eau-de-vie de marc chez M. Chambellan.

1er PROMENEUR. Allons, messieurs, partons.

TEMPS. Pardon; pourriez-vous me dire à quelle heure part de Châtillon le train de 5 heures 45 minutes?

2e PROMENEUR. A six heures moins le quart.

TEMPS. Allons, bon! les heures sont encore changées, ici; vous allez voir que je vais encore manquer le train.

(Les promeneurs sortent en chantant.)

AIR : *De la Casquette.*

Frais bosquets,
Ton ombrage
Si coquet
Nous engage à t'admirer.
On est sûr de rencontrer,
Dans ce charmant bocage,
La bonne société,
Qui vient s'y promener l'été.

SCÈNE III.

LE TEMPS, *seul.*

Ces Compagnies de chemin de fer sont bien désagréables; et on appelle ça le progrès, c'est moi qui ne suis pas partisan du progrès!

LE PETIT VERSAILLES, *entrant.* Et moi, donc!

TEMPS. Vous, vous, qui?

VERSAILLES. Vous ne me reconnaissez pas? Ah! c'est juste, vous ne pouvez pas me reconnaître, vous ne m'avez jamais vu; et puis je suis si changé. Autrefois, j'étais beau, j'étais jeune, j'étais riant et gai.

TEMPS. Ce n'est pas pour vous flatter, mais vous êtes joliment dégénéré.

VERSAILLES. A qui la faute?

AIR :

On me traite de rien qui vaille,
On me prend mes arbres, hélas!
Moi, jadis le petit Versailles;
Ah! mes enfants, je suis bien bas.
Châtillonnais, dans un autre âge,
Vos habitants daignaient m'aimer.
Je vous portais donc trop d'ombrage
Que vous voulez me supprimer?

SCÈNE IV.

LES MÊMES, L'AVENUE DE LA GARE.

L'AVENUE. Eh! mon cher, chacun son tour, tu as fait ton temps, laisse-nous le nôtre.

TEMPS. Ah! mais je vous connais, vous.

L'AVENUE. Tiens, parbleu! qui est-ce qui ne connaît pas l'Avenue de la Gare?

TEMPS. Mon Dieu! ce n'est pas que vous êtes belle.

L'AVENUE. Plaît-il?

TEMPS. Je n'ai pas l'intention de vous offenser; mais, entre nous soit dit, vous ne pouvez guère porter ombrage à ce pauvre Petit-Versailles; on abat ses arbres, mais on ne peut pas abattre les vôtres: vous n'avez que des échalas.

L'AVENUE. Que m'importe! je fais appel à la société Châtillonnaise, et la société vient me rendre visite.

AIR : *Petits Bateaux.*

Venez, venez ici,
Afin d'étaler vos toilettes,
O charmantes coquettes!
Je suis à la mode aujourd'hui.
Voyez de toutes parts
La gracieuse foule
Qui maintenant déroule
Ses flots à vos regards.
Chacun des promeneurs
Chez moi sait ce qu'il trouve,
Et, ma foi, me le prouve
En n'allant pas ailleurs.
La ville, avec amour,
S'plait à venir, c'est bizarre,
Du vieux pont à la gare,
Et s'y promène tour à tour.
Je ne suis pas pourtant
Plus qu'une autre commode,
Mais je suis à la mode,
Ce qui me rend charmant.
Les langues vont leur train,
On jase, on se promène,
Et chacun se démène
A parler du voisin.
Arrivez, voyageurs,
Quand vous traversez mon domaine
Vous pouvez voir sans peine
Que j'ai beaucoup de promeneurs.
Si vous veniez parfois
Pour chercher les plus belles,
Vous pourriez choisir celles
Qui viennent à ma voix.
C'est là qu'on voit briller
Toutes nos jeunes filles,
Qui sont assez gentilles
Pour vous émoustiller. Venez, etc.

TEMPS. Tiens, tiens, mais puisque vous réunissez toutes les jolies filles, la mienne doit être dans vos parages?

AVENUE. Sans doute, si tu cherches quelqu'un, il faut venir chez moi pour le trouver.

SCÈNE V.

LES MÊMES, LA DOUIX.

DOUIX. Ma chère, c'est trop de prétentions.

TOUS. La Douix!

TEMPS. Ah! madame est la Douix?

DOUIX. Et je crois être, sans me flatter, plus belle que l'Avenue de la Gare.

AVENUE. Vous faites une personnalité.

TEMPS. Si c'est une *personne alitée,* il faut qu'elle se soigne.

DOUIX. Je n'ai jamais été mieux portante, vous vous en apercevrez cet été; seulement on me délaisse et ça me chagrine.

AIR : *Valse de Giselle.*

Personne, hélas! ne vient sous mes allées,
Jadis pourtant elles étaient toujours
Soir et matin par la foule troublées :
Ici l'enfance et plus loin les amours,
Car aujourd'hui je suis humble et déserte,
Et l'on ne veut plus me revoir jamais.
Mais je n'en suis pas moins tous les ans verte,
Et mon ombrage, ingrats, est toujours frais.
Consolons-nous, à défaut de la foule
De promeneurs, j'ai parfois dans la nuit
Quelques amants dont le groupe roucoule,
Chansons d'amour qu'interrompt ce doux bruit :
(Bruit d'un baiser.)
Vous ne pourrez m'enlever ma terrasse,
Elle me reste et j'en suis fière aussi,
Car j'entends dire à l'étranger qui passe :
C'est le plus bel endroit qu'on voie ici!
Si de l'amour mon abri tutélaire
Offre aux enfants des sites enchanteurs,
Si je n'ai pas mérité pour vous plaire
D'être privée ainsi de promeneurs,
N'oubliez pas qu'aux premiers froids d'automne,
Le malheureux qui gèle en son réduit,
Me prend la feuille et le bois que je donne
Lorsque l'hiver m'en dépouille pour lui.
Dans l'amitié, le malheur ou l'enfance,
Pour les rêveurs et surtout pour l'amour,
Pour tout enfin ce qui rit, aime ou pense,
Je suis encore votre meilleur séjour.
Revenez donc, je serai bien gentille,
Aux amoureux je plais comme aux enfants.
On peut jouer sous ma verte charmille
Et des oiseaux accompagner les chants.
Personne, hélas! etc.

TEMPS. Elle est ravissante!

DOUIX. Sans compter que de ma promenade on jouit d'une vue charmante.

TEMPS. C'est vrai.

AIR : *De Lauzun.*

Oui, cet endroit est de bon goût,
Franchement je vous en complimente.

DOUIX.

Vous me flattez, monsieur?

LE TEMPS.

Du tout.
Moi, je vous trouve séduisante,
Et si j'étais Châtillonnais,
J'viendrais souvent sur cette place.

DOUIX.

Vous promener?

LE TEMPS.

Non, certes, mais
Me reposer sur la terrasse.
Oui, si j'étais Châtillonnais,
J'aimerais bien cette terrasse.

DOUIX. Allons, je vois que j'ai encore des admirateurs.

TEMPS. Sapristi! l'heure se passe et je n'aperçois pas ma fille.

DOUIX. Sois sans inquiétude, le Hasard t'a dit que tu la retrouverais, il te tiendra parole.

TEMPS. Tu me rassures. Dieu! qu'est-ce que j'aperçois là-bas?

DOUIX. Les ruines du vieux Château de Châtillon.

SCÈNE VI.

LES MÊMES, LE VIEUX CHATEAU.

LE VIEUX CHATEAU, *sortant de ses ruines.*

AIR : *De la Dame blanche.*

Contemplez cette masse noire,
Débri sombre, mais imposant,
Qui semble une page d'histoire
Où le moyen-âge est vivant,
Aux créneaux, aux machicoulis
Où pend l'ombre d'un pont-levis.
Prenez garde!

TOUS.

Prenons garde!

CHATEAU.

Voici le passé qui regarde.
De nos comtes, de nos héros,
Prenez garde!

TOUS.

Prenons garde!

CHATEAU.

A ne pas troubler le repos.

TEMPS. Eh bien! mon pauvre vieux, nous ne tenons donc plus sur nos jambes?

CHATEAU. A qui la faute? Pourquoi m'a-t-on abandonné?

AIR : *La Valse de Mabille.*

Comme ils sont démolis,
Tous mes anciens débris.
On me laisse mourir,
Et lentement s'éteint mon souvenir.
J'étais pourtant un fief qui, dans l'histoire,
Au temps heureux des féodalités,
Avait toujours une page de gloire,
Par leurs exploits ses maîtres sont cités.
Ah! quel joyeux séjour!
Et de chasse et d'amour.
On me citait partout
Comme le roi des plaisirs et du goût.
Longtemps nos ducs de la première race
Ont séjourné dans ces murs qui n'ont pu,
Pour leurs enfants, garder même la trace
Des Paladins qui m'avaient défendus.

Que d'évêques ici,
Et de comtes aussi,
Bourguignons, Champenois,
Dignes rivaux, ont combattu de fois!
Et Châtillon, dans sa reconnaissance,
Aux Ducs donnait ses enfants pour soldats;
Vrais Bourguignons qui, remplis de vaillance,
Savaient mourir, mais ne se rendaient pas!
On a bien essayé
De me mettre sur pied,
Mais c'est bien vieux déjà,
Jamais, hélas! on ne réussira.
Je me rappelle encore que l'industrie
Dans mon domaine installa ses fourneaux.
Mais, aujourd'hui, voyez comme on m'oublie
Pour s'occuper de monuments nouveaux.
Comme ils sont démolis, etc.

TEMPS. Mais ce n'est pas gai ce que vous nous dites là? Moi qui étais venu à Châtillon pour me divertir, voilà que j'ai envie de pleurer!

CHATEAU. Je voudrais bien vous voir à ma place?

TEMPS. Avec ça que je m'amuse, avec vous! Encore si je retrouvais ma fille?

DOUIX. Ta fille n'a pas voulu quitter Châtillon sans voir la Chandeleur, c'est-à-dire la fête des blanchisseuses; après le passage des blanchisseuses, elle te sera rendue.

TEMPS. Mais quand les verrons-nous, vos blanchisseuses?

DOUIX. A l'instant; regarde!

NEUVIÈME TABLEAU.

La Fête des Blanchisseuses.

SCÈNE Ire.

CHŒUR D'ENTRÉE.

AIR : *Déesse du Bœuf gras.*

D'la Chandeleur, c'est la fête,
Laissons-là le battoir!
Pour rire que l'on s'apprête,
Mesdames du lavoir!

TOUS. Vive les Blanchisseuses!

LA MÈRE SAROMON. Merci, mes enfants! On ne vous fait pas de discours, parce qu'on n'a pas le galoubet délié pour la douceur; mais vous êtes de bons zigues, je ne vous dis que ça. *(Elle boit.)* A la vôtre, mes enfants!

TOUS. Vive la mère Saromon!

UNE BLANCHISSEUSE. Pourrait-on avoir une petite répétition?

MÈRE SAROMON. Merci! comme dit Maillot; parce que voyez-vous, ça file comme un petit verre d'eau de rose. Maintenant, j'vas vous roucouler une rengaine. Allez-y de l'avant!

Faut pas blaguer mesdames les Blanchisseuses,
Car on pourrait s'en mordre la langue, oui-dà!
Si l'on nous voit toujours gaies, toujours rieuses,
Nous ne faisons, morgué! pas d'mal pour ça:
Etre bégueule, n'est pas not'e caractère.
Voulez-vous rire? Eh! ben, soit! pas trop près,
Ou de soufflets nous vous flanquons une paire,
Et nous verrons si vous rirez après!
De la Chandeleur, etc.

MÈRE SAROMON. Une petite rinçonnade, histoire de vous adoucir le filet.

TEMPS. Diable! elles sifflent comme les pompiers du pays.

MÈRE SAROMON.

Quand nous lavons, on cancanne, on rigole,
Quelques bêtas nous font la cour de loin,
Nous les blaguons d'un geste ou d'un mot drôle,
Et notre ouvrage va toujours son petit train.
Puis, nous aimons à boire sans reproche,
L'eau nous altère et le linge sèche les dents;
On a toujours une bouteille dans sa poche:
C'est d'l'eau-de-vie de marc de chez Chambellan.
De la Chandeleur, etc.

TEMPS. Eh! bien, elles n'engendrent pas la mélancolie; seulement, elles doivent faire hausser les spiritueux! Quel est ce bruit?

DOUIX. C'est la retraite de la Revue... Tu cherches ta fille, c'est dans la retraite que je te la montrerai.

BLANCHISSEUSES. En avant les blanchisseuses!

(Sortie sur la reprise du chœur.)

SCÈNE II.

L'ILLUMINATION.

LE TEMPS. Les voilà partis, mais avec tout ça je n'ai pas retrouvé ma fille; je suis joué par le hasard, c'est clair. J'ai bien entendu la retraite, mais je ne la vois pas et je ne sais où retrouver ma fille.

L'ILLUMINATION. Dans les Illuminés!

LE TEMPS. Qui dit ça?

L'ILLUMINATION. Moi, l'Illumination.

LE TEMPS. Vous êtes l'Illumination! En ce cas, vous devez être une personne bien éclairée.

L'ILLUMINATION. On le dit.

AIR : *De la corde sensible.*

J'illumine, j'illumine,
Pour que la nuit se change en jour.
J'imagine que je domine
Tous les plaisirs à mon tour.
Pour que vous puissiez voir la fête,
Il faut que nous vous éclairions.
Sachez que je vous apprête
Du gaz au lieu de lampions.
J'illumine, etc.

Vous pourrez tout voir sans crainte,
Si vous restez ce soir ici,
Car je ne serai pas éteinte
Tant que ce ne sera pas fini.
J'illumine, etc.

TEMPS. Et où se fait-elle votre illumination ?

L'ILLUMINATION. Ecoute ! *(Bruit de la retraite).*

TEMPS. Voici la retraite. Cherchons.

DIXIÈME TABLEAU.

L'illumination des Tulipes.

CHŒUR.

C'est la retraite, il faut en sonner l'heure,
Dans sa demeure,
C'est au son
Du fifre et du clairon,
Que nous allons au diable reconduire
Et sans pleurer, ni rire,
Cette Revue
Où Châtillon
Devrait trouver tout bon.

LA DOUIX. Eh ! bien, le hasard t'a-t-il tenu parole ?

TEMPS. Hein ! cette voix. Tiens ! c'est la Douix.

LA DOUIX. Comment ! tu ne me reconnais pas ?

TEMPS. Attendez donc ! Vous êtes le hasard ?

LA DOUIX. Tu n'y es pas.

LE TEMPS, *la reconnaissant.* Ma fille ! Malheureuse !

LA DOUIX.

Mon papa chéri,
Tout est bien fini,
Je rentre de ma promenade,
Car j'avais fait une escapade.
Ah ! que votre courroux,
Papa, voulez-vous?
Ne dérange pas
Mes premiers ébats.
Petit père, ne grondez pas !
Vous le voyez, j'ai pris la mine,
La mode et le ton
Qui brillent à Châtillon.
La Chandeleur m'illumine
Pour qu'on me voie mieux.
A ces mille feux
Qui, de toutes parts,
Sont aux queues de billard,
Ici, chaque soir,
On pourra me voir.

Mon papa chéri, etc.

TEMPS. Ma fille !... dans mes bras.... Au fait ! Non ! malheureuse, qu'étais-tu devenue ?

1867. Tu voulais voir Châtillon. Pour mieux te le montrer, j'ai dû prendre des formes différentes. Ainsi, tu me pardonnes ?

TEMPS. Je te pardonne, d'abord parce que je suis bon et... parce que je ne puis pas faire autrement.

1867. J'ai bien compté là-dessus. *(Elle va pour l'embrasser, le pompier se trouve au milieu).*

TEMPS. Qu'est-ce c'est que ce pompier-là ?

LE POMPIER. Ce pompier, Monsieur, est un enfant du pays qui ne peut rester en place quand le tambour de Châtillon appelle au devoir.

AIR : *Nous nous marierons dimanche.*

Quand j'étais, morbleu !
Jeune, j'ai vu le feu
Plus souvent que de coutume.
Je viens maintenant
Me mettre dans les rangs.
Chaque fois qu'un feu s'allume,
Quand le clairon,
A Châtillon
Résonne,
Je dis-m'voilà !
Car je suis là,
Personne
Ne peut m'exproprier,
J'suis un vieux pompier,
Place, je suis Edmone !

TEMPS. Eh ! ben, y m'plaît, ce vieux-là. Pompier, tu me plais et je veux que tu me donnes une mèche de tes cheveux, et maintenant, en route.

1867. Un instant... et nos adieux !

TEMPS. Soit. Je suis heureux et satisfait; cela arrive si peu souvent, que je veux le chanter sur tous les tons.

LE POMPIER.

On dit de chanter, et j'crois savoir,
Quand il fait chaud que ça fait pleuvoir.
Nous avons tant chanté ce soir,
Que chez nous l'argent devrait pleuvoir.

REFRAIN EN CHŒUR.

Au revoir, public de Châtillon!
Mais bientôt nous nous reverrons.
Et toujours notre bataillon
S'ra là pour dérider vos fronts.

L'ILLUMINATION.

De Buncey la population
A grande réputation,
Mais j'ai beaucoup vu dans Paris
Des gens qui doivent être de ce pays.
Au revoir, etc.

LE BASSIN SAINT-ANTOINE.

Je me dis : je veux déjeûner
A Châtillon ; j'vais m'en donner.
De chez Julie Bizot je viens :
On y déjeûne, ma foi, fort bien.
Au revoir, etc.

UN OUVRIER.

On me disait que dans Paris,
Il n'y avait que d'beaux esprits ;
J'y suis allé, et j'en conclus :
Que les bêtes ne manquent pas non plus.
Au revoir, etc.

LE PONT DE BOIS.

On me parle du Pou volant
Qui était un hôtel brillant,
Son aspect était séduisant,
Châtillonnais, souvenez-vous-en!
Au revoir, etc.

LA HALLE AU BLÉ.

A Paris, on s'fait un régal,
Maintenant de manger du cheval,
Mais Châtillon en a sa part :
On en vend assez chez Hugard!
Au revoir, etc.

LA BOUCHERIE CHEVALINE.

Je me suis perdu cette nuit,
Rue de l'Ile, sur les minuit,
Car le schiste comptait, hélas!
Sur le gaz qu'on ne nous donne pas.
Au revoir, etc.

LA SEINE.

On me disait que dans Paris,
Les femmes trompaient leurs maris,
J'y suis allée et j'n'ai rien vu
Qu'à Châtillon j'n'aie déjà vu.
Au revoir, etc.

LE TEMPS.

Au 31 décembre dernier,
On dit qu'un peintre vitrier,
Illumina de toutes parts,
Mais on perdit les queues de billard.
Au revoir, etc.

LE HASARD.

Au nom de l'auteur, j'espérerais
Etre bien v'nue des Châtillonnais.
Quant aux artistes, ils ont l'espoir
Que vous viendrez bientôt les revoir.
Au revoir, etc.

(Ils exécutent un quadrille et le rideau baisse.)

FIN DE LA REVUE DE CHATILLON.

Châtillon-s-Seine. — Imprimerie E. PARNY.

www.ingramcontent.com/pod-product-compliance
Lightning Source LLC
LaVergne TN
LVHW020632110826
845149LV00004B/1153

* 9 7 8 2 0 1 9 1 8 1 8 4 0 *